Conta de novo

Ana Maria Machado

Uma boa cantoria

ilustrações ⁂ Edu

São Paulo - 2003

FTD

Era uma vez um rei que achava que entendia de tudo mais que os outros. E que, como era rei, podia mandar.

Um dia, ele estava no palácio se preparando para dormir depois do almoço, quando passou um amolador de facas e tesouras pela rua em frente, fazendo aquele assobio agudo na pedra de amolar:

Fiiiiiiiiiiiiiu!

O rei ficou furioso e chamou o primeiro-ministro:

– Essa gente tem a mania de cantar e não sabe. Que cantoria mais desafinada! Assim não é possível. O povo ainda não sabe cantar direito e não pode sair por aí atingindo os ouvidos dos outros dessa maneira. A partir de hoje, é proibido cantar neste reino.

E como todo mundo tinha muito medo dele e ainda não tinha aparecido ninguém para dizer que ele é que não sabia governar direito, o jeito foi cumprir a ordem.

E durante anos e anos ninguém cantou naquele reino.

Proibido
Cantar

Até que um dia, passou pela fronteira um boiadeiro com seu carro de bois. A roda do carro guinchava sem parar. E o boiadeiro, muito alegre, aproveitava aquela musiquinha sempre igual para inventar uma cançãozinha sempre diferente, falando de bois e pastos.

O boiadeiro vinha cantando e andando. Passou por dois pastores que lhe avisaram que era proibido cantar.

– Mas eu gosto e não estou fazendo mal a ninguém.

E a música era tão gostosa que os dois pastores não resistiram:

– Então vamos também.

E lá se foram. O boiadeiro com seu carro de bois e os dois pastores com suas flautas.

Numa boa cantoria.

Adiante encontraram três carroceiros que lhes avisaram que era proibido cantar.

– Mas nós gostamos e não estamos fazendo mal a ninguém.

E a música era tão gostosa que os três carroceiros não resistiram:

– Então vamos também.

E lá se foram. O boiadeiro com seu carro de bois, os dois pastores com suas flautas e os três carroceiros com suas carroças.

Numa boa cantoria.

Adiante encontraram quatro lavadeiras que lhes avisaram que era proibido cantar.

– Mas nós gostamos e não estamos fazendo mal a ninguém.

E a música era tão gostosa que as quatro lavadeiras não resistiram:

– Então vamos também.

E lá se foram. O boiadeiro com seu carro de bois, os dois pastores com suas flautas, os três carroceiros com suas carroças e as quatro lavadeiras com seus cestos de roupa.

Numa boa cantoria.

Adiante encontraram cinco pescadores que lhes avisaram que era proibido cantar.

– Mas nós gostamos e não estamos fazendo mal a ninguém.

E a música era tão gostosa que os cinco pescadores não resistiram:

– Então vamos também.

E lá se foram. O boiadeiro com seu carro de bois, os dois pastores com suas flautas, os três carroceiros com suas carroças, as quatro lavadeiras com seus cestos de roupa, os cinco pescadores com suas redes e caniços.

Numa boa cantoria.

Adiante encontraram seis lavradores que lhes avisaram que era proibido cantar.

– Mas nós gostamos e não estamos fazendo mal a ninguém.

E a música era tão gostosa que os seis lavradores não resistiram:

– Então vamos também.

E lá se foram. O boiadeiro com seu carro de bois, os dois pastores com suas flautas, os três carroceiros com suas carroças, as quatro lavadeiras com seus cestos de roupa, os cinco pescadores com suas redes e caniços, os seis lavradores com suas foices e enxadas.

Numa boa cantoria.

Adiante encontraram sete ferreiros que lhes avisaram que era proibido cantar.

– Mas nós gostamos e não estamos fazendo mal a ninguém.

E a música era tão gostosa que os sete ferreiros não resistiram:

– Então vamos também.

E lá se foram. O boiadeiro com seu carro de bois, os dois pastores com suas flautas, os três carroceiros com suas carroças, as quatro lavadeiras com seus cestos de roupa, os cinco pescadores com suas redes e caniços, os seis lavradores com suas foices e enxadas, os sete ferreiros com seus martelos.

Numa boa cantoria.

Adiante encontraram oito carpinteiros que lhes avisaram que era proibido cantar.

– Mas nós gostamos e não estamos fazendo mal a ninguém.

E a música era tão gostosa que os oito carpinteiros não resistiram:

– Então vamos também.

E lá se foram. O boiadeiro com seu carro de bois, os dois pastores com suas flautas, os três carroceiros com suas carroças, as quatro lavadeiras com seus cestos de roupa, os cinco pescadores com suas redes e caniços, os seis lavradores com suas foices e enxadas, os sete ferreiros com seus martelos, os oito carpinteiros com seus serrotes.

Numa boa cantoria.

Adiante encontraram nove lenhadores com seus machados e dez doceiras com seus tabuleiros e aconteceu a mesma coisa e cada vez ia mais gente, andando, andando em direção ao palácio do rei. Numa boa cantoria. E pelo caminho cada vez vinha mais gente. Soldados e motoristas. Professoras e dentistas. Açougueiros e maquinistas. Médicos e malabaristas. Operários e violeiros. Veterinários e astrônomos. Padeiros e agrônomos. Com todas as suas ferramentas e instrumentos: espadas e caminhões, réguas e alicates, facas e compassos, termômetros e motores, bússolas e telescópios, seringas e violões, vassouras e chaves de fenda.

Quanto mais andavam, mais gente vinha.

Numa boa cantoria.

Quando chegaram em frente ao palácio, encheram a praça toda e ainda sobrou gente por muitas ruas. Todos cantando. Cada um cantando um pedaço, uma canção diferente. Um cantando arrastado, outro correndo na frente. Um muito bem entoado, outro bem desafinado. O rei se espantou com aquilo e chamou o primeiro-ministro:

– Que barulho é esse? Parece até alguém cantando.

O primeiro-ministro respondeu:

– É mesmo, Majestade, é o povo inteiro cantando. Chegue aqui na janela para ver. E numa desafinação de doer...

Quando o rei viu aquilo, ficou logo assustado. Mas, para não dar na vista, disfarçou bem disfarçado:

– Que beleza, que música linda!

O ministro aproveitou e perguntou:

– Majestade, esse negócio de cantar é proibido ainda?

– Claro que não – disse o rei. – Uma tão bela canção!

Mas o povo não ligava. Proibido ou não, o fato é que ele cantava. E de cantar em cantar, à força de tanto treinar, foi aprendendo e sabendo, deixando de desafinar. Cantaram todos, até o rei. E numa boa cantoria foram até mudando a lei.

Quem é

Ana Maria Machado

Meu nome é Ana Maria Machado e eu vivo inventando histórias. Algumas delas, eu escrevo. E dessas que eu escrevo, algumas andam virando livros. Em sua maioria, livros infantis, quer dizer, livro que criança também pode ler. Adoro meu trabalho. Ainda bem, porque acho que não ia conseguir viver se não escrevesse. Tanto assim que já fui professora, já fui jornalista (já fui até chefe de uns trinta jornalistas ao mesmo tempo), já fiz programa de rádio e acabei largando tudo para só viver de livro.

Coisas de que gosto: gente, mar, sol, natureza em geral, música, fruta, salada, cavalo, dançar, carinho. Coisas que eu não aguento: qualquer forma de injustiça ou prisão e gente que quer cortar a alegria dos outros. Mas isso nem precisava dizer – é só ler meus livros que todo mundo fica sabendo.

Quem é

Edu

Nasci na cidade de São Paulo e, desde muito pequeno, sempre gostei de ler e desenhar. Meus pais me contaram muitas histórias, mas as minhas preferidas eram as do Dr. Pitanga, nas quais também éramos personagens. Em casa sempre tivemos muitas tintas, papéis, lápis e livros. Assim, gostar de ler e desenhar acabou sendo muito natural.

Estudei arquitetura porque também gosto das cidades e mais que tudo gosto de pessoas. Na faculdade, uma de minhas professoras sugeriu que eu trabalhasse com ilustração. Segui o seu conselho e transformei em trabalho dois grandes prazeres: o desenho e a leitura.

Ilustrar este texto foi delicioso porque pude desenhar gente bem diferente e divertida e brincar um pouco com a diversidade, assunto tão legal quanto atual. Adorei!

EDITORA FTD S.A.

Matriz: Rua Rui Barbosa, 156 (Bela Vista) São Paulo – SP – CEP 01326-010

Tel. (0xx11) 3598-6000 – Caixa Postal 65149 – CEP da Caixa Postal 01390-970

Internet: www.ftd.com.br – E-mail: projetos@ftd.com.br

Gerente editorial Ceciliany Alves ⚖ **Editora** Dulcy Grisolia ⚖ **Editora assistente** Miriam Chinalli ⚖ **Coordenadora de revisão** Elvira da Rocha Kurata ⚖ **Preparadores e revisores de texto** Adolfo José Facchini, Jane dos Santos Coelho Taniguchi, Regina Célia Barrozo ⚖ **Editora de arte** Glair Alonso Arruda ⚖ **Projeto gráfico (capa e miolo)** Glair Alonso Arruda ⚖ **Ilustrador** Edu ⚖ **Diagramadores** Edgar Sgai, Sheila Moraes Ribeiro, Oséias Dias Sanches ⚖ **Assistente editorial** Lilia Pires ⚖ **Digitadora** Maria Lamano

Editoração eletrônica *Finalização* Andréa Wolff Gowdak Noto, Eziquiel Racheti e Vânia Aparecida Maia de Oliveira ⚖ *Coordenação* Carlos Rizzi e Reginaldo Soares Damasceno

Dados Internacionais de Catalogação na Publicação (CIP)
(Câmara Brasileira do Livro, SP, Brasil)

Machado, Ana Maria
Uma boa cantoria / Ana Maria Machado ; ilustrador Edu. — São Paulo : FTD, 2003. (Coleção conta de novo)

1. Literatura infantojuvenil I. Edu. II. Título. III. Série.

03-1818 CDD-028.5

Índices para catálogo sistemático:
1. Literatura infantil 028.5
2. Literatura infantojuvenil 028.5

www.ingramcontent.com/pod-product-compliance
Ingram Content Group UK Ltd.
Pitfield, Milton Keynes, MK11 3LW, UK
UKHW062121300826
14795UKWH00002B/55
9788532250667